Maria Wiesinger

Das kleine Buch der Glücks-Geschichten

Kaufmann Verlag

Bibliografische Information der Deutschen Bibliothek

Die Deutsche Bibliothek verzeichnet diese Publikation
in der Deutschen Nationalbibliografie; detaillierte bibliografische Daten
sind im Internet über http://dnb.ddb.de abrufbar.

1. Auflage 2015

Printed by Leo Paper

ISBN 978-3-7806-3165-7

Miteinander glücklich sein

Ein Meister der Nächstenliebe

Die Aufnahmebedingungen einer klösterlichen Gemeinschaft können bisweilen sehr streng sein. Dies wusste auch ein junger Schüler, der bei einem Meister in die Lehre gehen wollte. Deshalb war er am Tag der Aufnahme nervös und aufgeregt. Schließlich nahm der Meister den Jungen zu sich und flüsterte ein heiliges Gebet in sein Ohr. Danach warnte er den jungen Mann davor, das Gebet irgendjemandem zu offenbaren. „Was geschähe", fragte der Schüler, „wenn ich es doch täte?"

Da sagte der Meister: „Jeder, dem du das heilige Gebet enthüllst, wird von allen Leiden befreit sein, aber du wirst aus meiner Gemeinschaft ausgeschlossen werden."

Kaum hatte der Meister diese Worte gesprochen, ging der Schüler auf den Marktplatz und verkündete das Gebet vor einer großen Menschenmenge. Die anderen Schüler bemerkten dies und berichteten dem Meister voller Schadenfreude davon. Sie verlangten, dass der neue Schüler aus der Gemeinschaft ausgeschlossen werde.

Da lächelte der alte Meister und sagte: „Mein neuer Schüler braucht nichts von dem, was ich euch lehre. Sein Handeln zeigt, dass er bereits ein Meister der Liebe ist."

Zu Gast auf Erden

In Tibet wird das Mitgefühl als höchste Form der Tugend gesehen. Ein europäischer Tourist fragte deshalb einen tibetischen Lama, wie ein Mensch in der Lage sein könne, seinen Mitmenschen kein Leid zuzufügen. Da sagte der Lama: „Schlüpfe in die Rolle eines Touristen, der vom Weltraum aus auf die Erde sieht. Von diesem Standpunkt aus ist die Welt klein und unbedeutend, aber doch unendlich schön. Frage dich nun, ob es ein Gewinn wäre, wenn du anderen Menschen während deines kurzen Aufenthalts auf der Erde Leid zufügen würdest, oder ob es nicht besser wäre, dich zu entspannen und still darüber zu freuen, dass du Gast auf der Erde sein darfst."

Ein Platz im Herzen

Wie hast du es geschafft, so erfolgreich in deinem Beruf zu sein?“, fragte ein Kollege eine berühmte Ärztin und sah sie bewundernd an. Es war allerorts bekannt, dass die junge Frau eine schwere Kindheit mit schwierigen Eltern gehabt hatte.

Auf die Frage antwortete die Ärztin zum Erstaunen ihres Kollegen: „Es war meine Tante, die mir das Leben gerettet hat. Auch wenn sie nicht immer für mich da war, wusste und fühlte ich, dass ich in ihrem Herzen immer einen Platz hatte. Das war es, was mir ein echtes, wertvolles Selbstwertgefühl gab.“

Lern schwimmen!

Jeder Mensch, der verliebt ist, möchte die geliebte Person am liebsten mit Haut und Haaren besitzen. So erging es auch einer jungen Frau, die über die Maßen in ihren Mann verliebt war. Um zu prüfen, ob er sie wirklich aus tiefstem Herzen liebte, stellte sie ihm folgende hinterlistige Frage: „Wen würdest du nach einem Sturz von der Brücke zuerst retten? Deine Mutter oder mich?"
Der Mann überlegte lange und sagte dann: „Meine Mutter." Die junge Frau war daraufhin sehr enttäuscht und wollte sich auf der Stelle scheiden lassen. Doch ein Weisheitslehrer, bei dem sie Rat suchte, beruhigte sie: „Überlege, eine Mutter gibt es nur einmal auf der Welt. Aber einen neuen Partner oder eine neue Partnerin findet man nach dem Tod des alten Partners eventuell wieder. Vor allem aber merke dir: Am besten du lernst selbst schwimmen, dann erübrigt sich die Frage."

Das Geheimrezept des Erfolgs

An einer amerikanischen Schule wurden Kinder, die an einer massiven Hirnentwicklungsstörung litten, dermaßen gefördert, dass sie ihr Abitur machen und mit einem Studium beginnen konnten.

Als man die Pädagogen und die Eltern nach dem Geheimrezept fragte, antworteten diese:

„Unsere Begleitung der Kinder war liebevoll und zugewandt, ohne Vorurteile und Erwartungen, ohne Druck und ohne Angst, aber voll Zuversicht, Liebe und Vertrauen."

Liebevolle Beharrlichkeit

Früher war es üblich, dass eine junge Frau nach der Heirat in den Haushalt der Schwiegermutter kam und dieser untergeordnet war. Das führte oft zu großen zwischenmenschlichen Problemen, besonders dann, wenn der Frischvermählten kein Wohlwollen entgegengebracht wurde.

So erlebte es einmal eine junge Frau. Nichts konnte die junge Frau ihrer Schwiegermutter recht machen. Schließlich reiste sie traurig zu ihrer eigenen Mutter, um diese um Rat zu fragen. Die Mutter hörte die Tochter ruhig an, tröstete sie und sagte: „Koche deiner Schwiegermutter jeden Tag ihr Lieblingsgericht."

Daraufhin bereitete die junge Frau ihrer Schwiegermutter jeden Tag liebevoll das Lieblingsgericht. Tatsächlich wurde die Schwiegermutter mit der Zeit freundlicher und entgegenkommender. Schließlich nahm sie die junge Frau wie ihre eigene Tochter an und schloss sie in ihr Herz.

Die Rast am Brunnen

Wanderer machten in früheren Zeiten gerne an einem Brunnen halt, um sich dort zu laben und zu erholen. So kam es, dass eines Tages ein durstiger Wanderer an einem Brunnen Rast machte, weil er schon eine lange Wegstrecke gegangen war. Dort schöpfte eine Frau Wasser, und der Wanderer bat sie, ihm seine Schale zu füllen. Die Frau tat dies gerne. Bevor sie ihm die gefüllte Wasserschale reichte, legte sie ein großes Blütenblatt hinein. Verwirrt fragte der Wanderer nach dem Grund.

Die Antwort der Frau lautete: „Ich sehe, dass du sehr durstig bist. Ich möchte nicht, dass du zu schnell trinkst und deinen Körper schädigst.“

Eine Wagenladung voll Fische

Ein westliches Volk, welches in seiner Technisierung und Zivilisation weit fortgeschritten war, wollte einem armen Naturvolk helfen. Man stellte den hungernden Menschen einen Lastwagen guter Fische zur Verfügung. Sogleich stürzten sich die ausgehungerten Menschen auf die wertvolle Nahrung.
Nur ein weiser Mann des Naturvolkes ging zum Lastwagenfahrer und sagte: „Euer Volk soll uns nicht versorgen. Vielmehr sollt ihr uns lehren, wie man Fische fangen kann. So ist uns nicht nur für kurze Zeit geholfen, sondern für immer."

Ein Engel und vier Rabbiner

Eines Nachts wurden vier Rabbiner von einem Engel besucht und durften auf seinen Schwingen Einblick in das himmlische Paradies nehmen. Dort erblickten sie einen Zustand der Vollkommenheit und Erleuchtung.
Auf dem Rückweg zur Erde verlor der erste Rabbiner seinen Verstand, weil er dermaßen geblendet war vom göttlichen Glanz, sodass er fortan verwirrt durch das Land irrte.
Der zweite Rabbiner wollte nicht erkennen, dass es einen solchen Zustand der göttlichen Erleuchtung gab, und verleugnete seine himmlische Erfahrung. Er winkte ab und sagte: „Ich habe das alles nur geträumt."
Der dritte Rabbiner wurde fanatisch und hielt auf der ganzen Erde Vorträge über den Sinn und die Schönheit dieses Erlebnisses. Er rief die Menschen auf, sich auf den Weg der Erleuchtung zu begeben. Er stritt mit Theologen und vielen Gelehrten und wollte unbedingt, dass man ihm Glauben schenkte.
Und was tat der vierte Rabbiner? Er wurde zum Poeten und verfasste ein Dankeslied über die Schönheit der Erde und das Glück, eine kleine Tochter zu haben. Er war dankbar, ein Mensch sein zu dürfen und Liebe empfinden zu können.

Der vierte Rabbiner war der Einzige, der das Glück seines himmlischen Erlebnisses ertragen konnte.

Wie ein Bettler

Bei einem Meditationskurs bemerkte ein weiser Lama namens Ole, dass ein Besucher sich an eine permanente Überheblichkeit gewöhnt hatte. Insbesondere verachtete dieser Teilnehmer Menschen, die ihm durch ihr äußeres Erscheinungsbild missfielen. Und er verachtete Menschen, die ihm nicht intelligent genug schienen. Eines Tages holte der Lama diesen Teilnehmer zu sich und sagte: „Bemühe dich, deine Mitmenschen nicht als minderwertig zu betrachten, und denke selbst vom erbärmlichsten Bettler nicht schlechter als von dir. Denn wenn dein Leben eines Tages zu Ende gehen wird, wirst du sein wie dieser Bettler."

Die Robinson-Crusoe-Therapie

Als Robinson Crusoe hilflos an eine Insel angespült wurde, war er ohne Gefährten und ohne Hoffnung auf Rettung. Aber er sagte sich: „Keine Lage ist so aussichtslos, dass man verzweifeln muss."

So nahm er einen Stift und einen zerknüllten Zettel aus seiner Hosentasche und stellte sein Soll seinem Haben gegenüber.

Auf der Sollseite stand, dass er auf eine einsame Insel verschlagen worden war – ohne Hoffnung, je wieder fortzukommen. Auf der Habenseite stand, dass Robinson noch am Leben war – im Gegensatz zu seinen Kameraden. Und er war in einem heißen Landstrich gelandet, wo er keine warme Kleidung benötigte.

Nach dem Aufzeichnen zog Robinson Fazit: Er folgerte, dass es möglich war, sich in seiner verlassenen Lage glücklich zu fühlen. Dieses Gefühl rettete ihm sein Leben. Hätte er sich nämlich der Mutlosigkeit hingegeben, wäre er in der Einsamkeit gestorben und hätte nicht mehr die Chance gehabt, seinen späteren Gefährten und Freund namens Freitag zu treffen und schließlich von einem gestrandeten Schiff gerettet zu werden.

Jeder verdient das Glück

In Amerika ließ ein gütiger, wohlhabender Visionär eine Schule und ein Lernzentrum für gefährdete Kinder und Jugendliche erbauen. 90 Prozent der jungen Menschen, die diese Schule besuchten, schlossen erfolgreich ab und sahen die Welt plötzlich nicht mehr als grau und deprimierend an wie das Ghetto, in dem sie aufgewachsen waren. Eines Tages besuchte ein Politiker das Lernzentrum und bemerkte, dass sich vor dem Eingang der Schule ein großer Springbrunnen befand. Und im Inneren des Gebäudes empfingen ihn saubere, lichtdurchflutete Räume, in denen sich schöne Zimmerpflanzen und eine moderne Einrichtung befanden.

Auf die Frage des Politikers, warum die Schule für die armen Kinder so luxuriös eingerichtet sei, antwortete der Visionär: „Gott hat Wasser, Blumen, Sonne, Licht und Holz für alle geschaffen, nicht nur für die Reichen. Natürlich sind der Springbrunnen, die großen Fenster, die schönen Pflanzen und das neue Interieur nicht zwingend notwendig. Aber ich möchte, dass alle Kinder, die hierherkommen, schon am Eingang merken, wie sehr sie das Glück verdienen. Nur so können benachteiligte Kinder beginnen, an sich selbst und an die Schönheit des Lebens zu glauben."

Der kranke Meister

Zur Verwunderung seiner Schüler wurde ein angesehener indischer Lehrer von einer unheilbaren Krankheit befallen. Irgendwie hatten die Schüler die Vorstellung, dass ein weiser Mensch doch geschützt sein müsse vor der Unbill des Lebens.

Eines Tages trat ein Schüler an den Lehrer heran und fragte: „Warum kannst du dich nicht heilen?"

„Dann sieh zu", sagte der Meister, „wie ich das kann." Und kaum hatte der das gesagt, heilte der Meister seinen Körper, der sofort wieder seine gesunde Farbe annahm.

„Ich verstehe nicht", sagte der verwunderte Schüler, „wenn du so viel Licht in dir hast, was hat dann deine Krankheit verursacht?"

„Das ist nicht meine Dunkelheit", sagte der Meister, „es ist deine und die der anderen Schüler. Ich trage sie für euch, bis ihr selbst stark genug seid, sie zu tragen."

Von Schwächen und Fehlern

Als sich Isabella, eine junge Frau, in ihren Mann verliebte, fand sie ihn hinreißend und liebte alles an ihm. Später, als sie schon lange mit ihm verheiratet war, fand die Frau immer mehr Charakterzüge ihres Mannes unangenehm. Ja, was sie anfänglich an ihrem Mann geliebt hatte, erschien ihr jetzt abstoßend und unerträglich.
Weil Isabella unter den Schattenseiten ihres Ehemannes zusehends litt, besuchte sie eine gute Freundin und erzählte dieser von den Schwächen und Fehlern ihres Mannes. Die Freundin hatte viel Lebenserfahrung und antwortete: „Versuche nicht, deinen Mann zu ändern, sondern arbeite daran, wie du mit dem umgehen kannst, was du an deinem Mann unsympathisch findest. Und wisse, es ist schwieriger, einem Tiger seine Reißzähne zu ziehen, als sich vor seinen Zähnen zu schützen."

Die göttliche Liebe

Ich wünsche mir nichts mehr, als von meinem schlechten Karma befreit zu werden", sagte eine Frau zu einer spirituellen Meisterin.

Woraufhin diese antwortete: „Das menschliche Schicksal wird nicht vom Karma, sondern von den Liebesströmen der allumfassenden Liebe bestimmt. Diese Liebesströme fließen unaufhörlich in die Herzen aller Menschen ohne Ansehen der Person. Auch du bist imstande, diese Liebesströme in dein Herz aufzunehmen. Dadurch kann dein Karma in jedem Augenblick deines Lebens transformiert werden."

„Das ist ja wunderbar", erwiderte die Ratsuchende. „Bedenke aber", sprach die Meisterin weiter, „dass jeder Einzelne leider auch die Freiheit besitzt, sein Herz zu verschließen, sodass die göttlichen Liebesströme an ihm vorbeifließen. Wer so handelt, wird weiterhin unter seinem Karma sein Dasein fristen."

Irrtümer über das Glück

Ohne Los nix los!

Wir Menschen hegen hinsichtlich unseres Glückes oft große und falsche Erwartungen. So auch ein Mann namens Henri, der unglücklich war, weil ihm eine schöne Frau, ein erfüllender Beruf und ein großes Haus bis jetzt verwehrt geblieben waren. Und weil seine Wünsche über einen langen Zeitraum unerfüllt blieben, wurde Henri depressiv. Trotz seiner Frustration hörte er aber nicht auf, vom großen Glück zu träumen, und er flehte den Himmel jeden Tag an: „Gib mir wenigstens die Chance, in der Lotterie zu gewinnen!"

Nachdem er eine lange Zeit immer wieder das gleiche Gebet verrichtet hatte, vernahm Henri plötzlich eine himmlische Stimme: „Lieber Henri, gib du mir endlich eine Chance und kaufe dir ein Los!"

Das schwere Paket

Weil viele Menschen glauben, sie hätten es im Leben schwerer als andere, wurde an der Universität von London ein Versuch gemacht: Etliche Versuchspersonen bekamen ein Paket in die Hand gedrückt, liefen damit herum und beobachteten die anderen, die ebenfalls ein Paket trugen. Was die Versuchspersonen nicht wussten: Die fremden Pakete wogen genauso viel wie ihre eigenen. Trotzdem schätzten die meisten Teilnehmer ihr eigenes Paket schwerer als das der anderen ein.
Nur wer sein Leben mit Optimismus und Mitgefühl lebte, empfand die Last der anderen als schwerer.

Wirkliche Dummheit

Nach einer Dudendefinition bedeutet Dummheit, eine törichte Äußerung von sich zu geben. Ein Mönch, welcher sehr wissbegierig war, wollte es aber genauer wissen und fragte den Abt seines Klosters, was wirkliche Dummheit sei. „Dummheit ist, wenn du jeden Tag das Gleiche tust, aber bessere Ergebnisse erwartest", antwortete der weise Abt.

Eine voreilige Ankündigung

Manchmal neigen wir Menschen dazu, unsere Vorhaben anzukündigen: „Ich werde eine schlechte Gewohnheit aufgeben“ oder „ich werde einen Sprachkurs besuchen“, sagen wir gerne und fühlen uns dabei sicher.

Genauso tat es auch ein sprachbegabter junger Mann. Er wollte ein berühmter Schriftsteller werden und tat seine Absicht allen Menschen in seiner Umgebung kund. Je mehr der angehende Poet von seinen Plänen erzählte, umso mehr Kritik, Pessimismus und Zweifel äußerten die Menschen, sodass sich der junge Mann ärgern musste und keine Zeit mehr fand, sich seiner Dichtkunst zu widmen.

Schließlich war er so unglücklich, dass er einen spirituellen Meister aufsuchte, um sich dessen Rat zu erbitten. Als ihm der junge Mann von seinem Unglück erzählte, war die weise Antwort: „Du musst wissen, dass auf unserer Erde der Kreis der Ankündigungsmeister groß ist. Der Kreis jener, die es auf einem Gebiet tatsächlich zur Meisterschaft bringen, ist jedoch sehr klein. Bedenke also: Kein vernunftbegabter Künstler sollte sein neues Werk hinausposaunen, bevor er dieses nicht vollendet hat. Denn wo nichts verkündet wird, kann auch nichts zerstört werden.“

Die Libellen

An einem Meeresstrand in einem südlichen Land schwirrten farbenprächtige Libellen in Schwärmen herum.
Ein junger Prinz, dessen Palast sich in der Nähe befand, liebte dieses Szenario und suchte täglich in den frühen Morgenstunden den Meeresstrand auf. Dann kamen die Libellen zu Hunderten, umschwirrten den Prinzen von allen Seiten und wichen nicht von ihm, wo er ging, lag oder stand. Und er spielte den ganzen Tag mit den farbenfrohen Insekten.
Eines Abends bat ihn sein Vater, dem der Prinz von seinem Erlebnis erzählt hatte, einige Libellen zu fangen, damit auch er sich an ihnen erfreuen konnte.
Als der Prinz am nächsten Morgen an den Strand ging, waren die Libellen verschwunden. Dies schmerzte den Prinzen derart, dass er Rat bei seiner klugen Mutter suchte.
Worauf diese antwortete: „Nur wenn du deine Absicht aufgibst, die Libellen einzufangen, werden sie wieder in dein Leben treten!"

Die Ignoranz der Macht

Ein Herrscher, der große Macht über sein Volk ausübte, war sich seiner Stellung sehr sicher – vor allem auch, weil er glaubte, alles über sein Volk zu wissen.
Bis eines Tages ein kluger Minister zum tyrannischen Kaiser sagte: „Es gibt ein typisches Merkmal in der Beziehung eines Herrschers zu seinen Untertanen. Mitglieder einer untergeordneten Gruppe verfügen stets über ein größeres Wissen über den Menschen, der Dominanz ausübt, als umgekehrt. Auch dein Volk weiß eine Menge über deine Regeln und deine Gesetze und über dich selbst, während du in deiner Machtposition keine vergleichbare Kenntnis über dein Volk besitzt. Sei dir also deiner Position nicht zu sicher."

Nicht für jedermann

Die berühmte Malermeisterin Michelle Cassou hält alljährlich Kurse für ihre Schüler. Diese finden im Sommer in Südfrankreich statt. Bei einem der Workshops verspürte eine Schülerin den tiefen Wunsch, ein schönes Bild, das sie soeben fertig gemalt hatte, anderen Menschen zu zeigen.

Doch Michelle Cassou hielt ihre Schülerin zurück und sagte zu ihr: „Sei vorsichtig, ob, wann und wem du deine Bilder zeigst. Stelle dir die Frage, was deinen kreativen Weg am ehestens fördert. Nicht jedes Herz kann Schönheit empfangen, nicht jedes Herz ist imstande, sie aufzunehmen. Nur ein offenes Herz kann Schönheit erkennen und aufnehmen.

Bedenke, eine Fehlannahme vonseiten eines unsensiblen Menschen kann deine Nabelschnur zerschneiden, welche dich mit deiner Inspiration verbindet."

Immer das Beste

„Stets nach dem Besten streben“, das war ein Glaubenssatz, den ein zielstrebiger junger Mann verinnerlicht hatte. Um das Beste zu erreichen, musste er stets alle Möglichkeiten prüfen. Ansonsten war er sich nicht sicher, auch wirklich das Beste erreicht zu haben. Alle Möglichkeiten zu prüfen, erforderte einen enormen Aufwand an Zeit und Geld. Und es kostete den ehrgeizigen Mann viel Kraft, weil er auch nach der Entscheidung nicht sicher war, ob er wirklich nur das Beste getan oder erworben hatte.
Ein anderer Mann hingegen traf seine Entscheidungen einfach und effizient. Sobald er etwas gefunden hatte, das sich für ihn gut anfühlte, stand seine Entscheidung fest. So sparte er viel Zeit, Geld und Aufwand. Und er war mit seinen Ergebnissen auch dann noch zufrieden, wenn er später etwas Besseres entdeckte. Er war rundherum ein zufriedener Mensch.

Ja zum Leben sagen

Es gibt Menschen, die sind in der Lage, an den Hindernissen des Lebens zu wachsen und zu reifen. Es gibt aber auch Menschen, die an den Enttäuschungen zerbrechen. So erging es einer Frau, die aufgrund ihrer negativen Erlebnisse immer unglücklicher wurde. Da suchte sie schließlich eine weise Alte auf und erbat sich ihren Rat. Die Frau sprach zu ihr: „Wenn du dem Leben ein Nein entgegensetzt, vermag dir das Leben sein Ja nicht zu schenken, weil es durch deine Abwehr zurückgewiesen wird. Nicht das Leben also verschließt sich vor dir, sondern du verschließt dich dem Leben. Hadere also nicht länger mit deinem Leben, damit es dir wieder seine volle Kraft schenken kann."

Die Glücksfrage

„Legen Sie sich auf meine bequeme Couch", sagte eine berühmte Psychotherapeutin zu ihrer Klientin, „und sagen Sie mir, wie Sie sich Ihr Glück vorstellen."

„Ich will unbedingt in der Lotterie gewinnen, um endlich glücklich zu werden", erwiderte die Klientin.

„Okay, prima", meinte die Therapeutin. „Und dann?"

„Dann werde ich aufhören zu arbeiten und in den schönen Süden ans Meer ziehen."

„Und dann?"

„Dann werde ich den ganzen Tag in der Sonne an einem schönen Strand liegen."

„Und dann?"

„Dann werde ich weiter herumliegen und mich von der Sonne bräunen lassen. Und abends werde ich gut essen gehen."

„Und dann?"

In diesem Moment stellte sich die Klientin vor, dass sie den Rest ihres Lebens im heißen Sand sitzen und abends in ein Restaurant gehen würde. Und von dieser Vorstellung war sie nicht entzückt.

Die Psychologin bemerkte die Unsicherheit ihrer Klientin und sagte: „Nur wenn das, was auf Ihren großen Geldgewinn folgt, genauso befriedigend wie Ihr Träumen vom großen Gewinn ist, haben Sie einen wahren Treffer erzielt."

Die Kartoffel-Meditation

Der Glaube und die Spiritualität eines Menschen können manchmal seltsame, bizarre Blüten hervorbringen.

Eine gläubige Frau war besessen vom Wunsch, immer neue und aufregendere Meditationsweisen zu erlernen. Aus diesem Grund wanderte sie von einem spirituellen Lehrer zum anderen und lernte neue Formen des Betens und Meditierens, bis sie eines Tages zu einer Lehrerin kam und dieser folgende Frage stellte: „Welche neue Meditationstechnik kannst du mir beibringen? Ich habe schon viel Erfahrung im Beten und kenne dies und jenes, was mich in einen meditativen Zustand versetzt. Aber ich möchte eine noch tiefere Meditationstechnik erlernen, um Erleuchtung zu finden."

Zur großen Verblüffung der Suchenden sagte die Lehrerin: „Geh nach Hause und schäle Kartoffeln. Das ist die beste Meditation für dich."

Das Glück liegt
in den kleinen Dingen

Immer mehr

Auf der unermüdlichen Jagd nach dem Glück gab sich eine verwöhnte Frau den verschiedensten Begierden hin.
Kaum hatte sie sich ein Bedürfnis erfüllt, musste sie schon wieder das nächste Verlangen befriedigen. Und obwohl sie viel besaß und sich jeden Wunsch erfüllte, war sie sehr unglücklich. Denn wenn sie auf andere Menschen schaute, glaubte sie stets, den Kürzeren im Leben gezogen zu haben.
Als sie dies einem Therapeuten erzählte, gab er der unzufriedenen Frau folgende Antwort: „Ein Freund von mir war stolz und glücklich über seinen Esel – bis er einen Menschen traf, der einen Lastwagen besaß."

Was Selbstbestimmung bewirken kann

Bereits ein kleiner Zuwachs an Selbstbestimmung kann Menschen sehr viel glücklicher machen – und das Leben verlängern. Dies stellten Psychologen fest und sie machten in einem amerikanischen Seniorenheim ein kleines Experiment:
Man ermutigte die Bewohner des Seniorenheims dazu, Kleinigkeiten ihres Alltags selbst zu bestimmen. So bekamen die Senioren ihr Essen nicht einfach vorgesetzt, sondern durften ein Menü wählen. Statt mit dem Bus zur Kaffeefahrt „verfrachtet" zu werden, konnten die Senioren unter mehreren Ausflugszielen wählen. Und während bislang die Pfleger die Blumen im Seniorenheim gegossen hatten, sollten nun die Heimbewohner selbst die Verantwortung für die Pflege ihrer Zimmer übernehmen. Diese kleinen Veränderungen bewirkten wahre Wunder: Die alten Menschen übernahmen auch in ihrem sonstigen Leben wieder mehr Verantwortung. Sie verabredeten sich häufiger, wurden seltener krank und waren insgesamt glücklicher.

Ein Glücksrezept

Um Glück zu erfahren, ist es gut, zu lernen, die Natur zu sehen, zu hören und zu fühlen. Es ist gut, zu lernen, sich in der Natur zu spüren – und die Natur in sich.

Eine russische Heilerin, die über alle Grenzen ihres Landes hinaus bekannt war, wollte dieses Glücksgefühl vielen Menschen wieder nahebringen. Vom Hörensagen her glaubten einige Menschen, die Heilerin hätte ein außergewöhnliches Konzept, und sie kamen aus den entferntesten Winkeln des Landes zu dieser Frau, um bei ihr Gesundheit und Glück zu erlangen.

Als sie bei der Heilerin eintrafen, mussten sie zu ihrem Erstaunen feststellen, dass es hier weder reich gedeckte Tische noch eine komplizierte medizinische Technik gab. Das Einzige, was die weise Frau den Menschen bieten konnte, war ein stiller, naturbelassener Ort, an dem kein Platz für Missgunst, Lieblosigkeit, Eifersucht und Mutlosigkeit war. Aus diesem Grund fingen die Menschen an, zu lachen, zu singen, den Duft der Gräser einzuatmen und Verse zu schreiben.

All das geschah auf ganz natürliche Weise, ohne irgendeine Einmischung der Heilerin, sodass die Besucher erstaunt feststellten, dass diese Heilweise nichts Übernatürliches war.

Meister der Achtsamkeit

Weil ein ruhiger Dauerregen ein fernes Land im Osten heimsuchte und die Tropfen lautlos und endlos auf das Gras fielen, wurde es einem jungen Mönch, der schon zehn Jahre Lehrzeit hinter sich hatte, langweilig. Da hatte er die Idee, an diesem verregneten Tag einen berühmten Zenmeister zu besuchen.

Als er in das Haus des großen Meisters eintrat, begrüßte ihn dieser mit folgender Frage: „Hast du deine Schuhe und deinen Schirm vor der Haustüre stehen gelassen?"

„Ja, Meister", antwortete der Mönch.

„Dann sage mir", fuhr der Zenmeister fort, „hast du den Schirm links oder rechts von deinen Schuhen abgestellt?"

Der Mönch wusste die Antwort nicht, aber er erkannte, dass er die wahre Achtsamkeit in jedem Augenblick noch nicht erreicht hatte. So wurde er Schüler des Meisters und studierte noch weitere zehn Jahre bei ihm.

Das Glücksexperiment

Längst hat man herausgefunden, dass Dinge, die wir gerne tun, wesentlich zu unserem Glück beitragen können. Ein Glücksforscher wollte es ganz genau wissen. Aus diesem Grund führte er ein Experiment durch, in dem er ein paar Menschen aufforderte, sämtliche Dinge aufzuzählen, die sie allein aus Freude taten.
Dann gab er den Versuchspersonen die Anordnung, dass sie über zwei Tage hinweg auf diese Glückstätigkeiten verzichten sollten. Eine Frau zum Beispiel spülte leidenschaftlich gerne ihr Geschirr, eine andere wiederum ging gerne in ihren Garten und ein Mann bastelte gerne an technischen Dingen. Von nun an wurden diese Tätigkeiten aus dem Tagesablauf gestrichen. Die Ergebnisse waren sofort sichtbar und deprimierend: Die Versuchspersonen begannen nach den zwei Tagen über Kopfschmerzen und Konzentrationsstörungen zu klagen. Nach weiteren 24 Stunden gerieten die Versuchspersonen in einen gespenstischen, fremdbestimmten Zustand, der einer schweren psychischen Störung glich.
Das Experiment zeigte deutlich, dass tiefe Gefühle der Freude an einer Tätigkeit unbedingt erforderlich für die körperliche und seelische Gesundheit eines Menschen sind.

Der Untergang

Marienthal war ein blühendes Städtchen südlich von Wien, bis der größte Arbeitgeber vor Ort seine Textilfabrik im Jahre 1929 schloss. Für die verlorenen Arbeitsplätze gab es keinen Ersatz. Niemand der Arbeitslosen musste große Not leiden, aber trotzdem richtete die Arbeitslosigkeit eine große Verheerung an.

Das Städtchen Marienthal versank in Hoffnungslosigkeit und Agonie, und nach einem Jahr war das soziale Leben im Ort erloschen. Der schöne Park, den die Arbeiter einst angelegt hatten, verwilderte, obwohl die Menschen mehr Zeit für die Pflege als vorher gehabt hätten. Alle zogen sich in ihre Wohnungen zurück und brachten nicht einmal mehr die Energie für die Haushaltsführung auf und um die kleinsten Dinge zu erledigen, was schließlich zum Untergang Marienthals führte.

Ein Geldgeschenk

Ob wir wirklich glücklich sind, hängt entscheidend davon ab, mit wem wir uns vergleichen. Es gibt Vergleiche, die glücklich machen, und welche, die unglücklich machen:
In einem Experiment über das Glück bekamen alle Teilnehmer zehn Euro geschenkt. Nur eine Person bekam fünf Euro. Und obwohl diese Person um fünf Euro reicher geworden war, fühlte sie sich unglücklich.
Die Testperson verglich sich mit denen, die zehn Euro bekommen hatten. Aus diesem Grund fühlte sie sich betrogen und benachteiligt. Hätte sich diese Person einfach darüber gefreut, fünf Euro mehr zu besitzen, hätte sie beste Chancen gehabt, sich gut zu fühlen.

Wahre Meisterschaft

„Von allen Dingen, die ich täglich erledigen muss, hasse ich das Staubsaugen am allermeisten. Ja, ich verabscheue diese Tätigkeit geradezu“, murmelte der neue Schüler einer spirituellen Gemeinschaft vor sich hin. „Viel lieber würde ich mich der Meditation widmen, denn schließlich hat das Beten eine viel höhere Qualität als dieses banale Saubermachen.“

Der Meister der Gemeinschaft bemerkte die Abneigung seines neuen Schülers und rief ihn zu sich. Ohne ihn zu ermahnen, sagte er Folgendes: „Der Staubsauger, den du so hasst, ist in der Tat ein hinterlistiger Lehrer. Die lange Saugröhre und auch der Staubsauger selbst stoßen ständig gegen irgendwelche Möbel oder sie sind wild entschlossen, sich irgendwo zu verkeilen. Außerdem muss das Kabel in den unpassendsten Momenten in eine andere Steckdose gesteckt werden. Doch wenn du dich vor dem Staubsaugen drückst, weißt du nicht, was du versäumst: eine lästige Pflicht gewiss, aber auch eine wunderbare Gelegenheit, eine Fertigkeit zu üben, die auf dem Weg des Meisters unerlässlich ist. Wenn du in der Lage bist, das ganze Haus zu saugen, ohne deine Fassung zu verlieren, und ausgeglichen bleibst, dann weißt du, worum es in der Meisterschaft geht.“

Säen und ernten

Wie kann ich mein Glück messen?", wollte ein Zenlehrling von seinem Zenmeister wissen. Darauf antwortete der Meister: „Zähle die Stunden zusammen, in denen du positive Gefühle hattest, und ziehe jene Stunden ab, in denen du negative Gefühle hattest. Was dabei herauskommt, ist die Summe deines Glücks."
Die zweite Frage, die der Zenlehrling dem Meister stellte, war: „Wie kann ich jeden Tag fünfmal ein Lächeln von meinen Mitmenschen erhalten?"
„Ganz einfach", antwortete der Zenmeister, „lächle einfach jeden Menschen an, dem du begegnest. Und mit hoher Wahrscheinlichkeit wirst du von jedem Menschen ein Lächeln ernten."

Die Geschenke des Fürsten

Die Geburtstage von orientalischen Fürsten werden stets groß und prunkvoll gefeiert. So kam es, dass ein orientalischer Fürst, der als sehr weise galt, seinen achtzigsten Geburtstag zelebrierte. Im Palast wurde ein glamouröses Fest vorbereitet, zu dem auch viele andere mächtige Fürsten geladen waren.

Als das Fest seinen Anfang nahm, begrüßte der Fürst seine Gäste, die ihm alle Geschenke mitgebracht hatten. Nach dem Essen ordnete der Fürst seinen Dienern an, ihm die kostbaren Geschenke zu bringen. Zu jeder Gabe wurde dem Fürsten gesagt, von wem das Geschenk stammte. Danach wurden die kleineren Gaben, die keinen Absender aufwiesen, dem Fürsten überreicht.

Darauf wandte der alte, weise Fürst sich an die Überbringer der großen Geschenke und sagte: „Ich danke euch für eure Geschenke, aber ich gebe sie euch wieder zurück, und wir verbleiben wie zuvor."

Dann trat er zu dem Haufen mit den kleinen Geschenken und meinte: „Diese Geschenke nehme ich an. Sie haben keinen Absender und verpflichten zu nichts. Liebe Gäste, ihr müsst wissen, in meinem Alter ist es nicht ratsam, sich noch Schulden aufzubürden."